Lieutenant DEBRAND

LA

CONDUITE des PETITS DÉTACHEMENTS

en Afrique Équatoriale

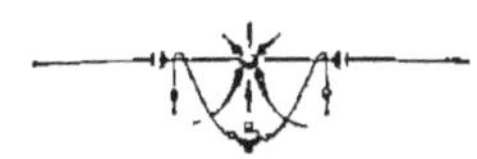

PARIS

L. FOURNIER

ÉDITEUR MILITAIRE

264 — Boulevard Saint-Germain — 264

—

LA

CONDUITE des PETITS DÉTACHEMENTS

en Afrique Équatoriale

Conduite des petits détachements

en forêt équatoriale

Le but de cette étude est de montrer dans quelles conditions nos petits détachements de troupes coloniales luttent en *forêt équatoriale*, c'est-à-dire dans tout le Moyen-Congo et le Gabon, dans une partie de la Côte d'Ivoire et de la Guinée.

Les idées exposées ne sont pas le fruit de longues méditations faites règlements en main, mais le résultat d'une petite expérience personnelle formée par deux années de lutte, sous les ordres de chefs ayant servi longtemps à la Côte d'Ivoire et au Congo.

Nous examinerons d'abord ce que nous avons à combattre, pays et indigènes ; puis ce dont nous disposons pour vaincre ; enfin, nous verrons comment manier les petits détachements pour en obtenir le maximum de rendement.

1. — LE PAYS

Difficultés de marche. — Les chemins mal tracés, les racines, les marais, les pluies rendent la marche extrêmement pénible en forêt vierge.

Les chemins indigènes ne sont que d'anciennes sentes d'animaux sauvages que les habitants ont fréquentées, sans rien faire même pour les entretenir. Quiconque n'a pas parcouru plusieurs fois un chemin ne peut, sans guide, le suivre sans le perdre bientôt. Le sentier a de nombreux détours, est coupé par des arbres tombés, traverse des marigots dont il emprunte longtemps le cours ; il présente des dérivations consistant en embranchements, sentes d'animaux, faux chemins créés par les indigènes.

Les exemples foisonnent de détachements retardés ou détournés de leur mission par cette difficulté. C'est ainsi qu'en septembre 1909, une colonne opérant dans le Djouah (Gabon) est arrêtée dans d'anciennes plantations, cherchant au milieu des pistes d'éléphants, des marais et des chemins truqués, la route classique faite déjà plusieurs fois par des Européens présents, par plus de la moitié des tirailleurs, et cela malgré une excellente carte au 1/100.000e. Pour éviter le retour de pareil fait, la colonne débroussaille le sentier, marque les arbres, et cependant, en 1910, deux convois quittant Viel pour gagner Madjingo par cette route doivent faire demi-tour, ne pouvant trouver le chemin.

Les racines, les arbres tombés, les lianes occasionnent de nombreuses blessures aux jambes et aux pieds. La marche en marais est particulièrement difficile, dans la vase jusqu'aux genoux, parfois plus. Il faut y faire des rétablissements pour franchir les lianes et les racines qui barrent la route sans qu'on les voie ; il faut éviter le rotin qui déchire la figure et les mains, sortir des trous d'éléphants dans lesquels on disparaît tout à coup ; souvent on doit faire demi-tour, parce qu'on s'aperçoit que les traces suivies sont mauvaises et ne conduisent pas dans la bonne direction.

Si l'on ajoute à cela les marigots sans ponts, grossis souvent par les pluies, on comprend les lenteurs et la fatigue avec lesquels on avance.

En août 1909, deux cents hommes du Moyen-Congo mettent de midi à huit heures du soir pour franchir l'Ebaka, rivière marécageuse, large de quelques centaines de mètres. En septembre, ils mettent un jour pour franchir le Djouah et son marais à Madjingo : ils restent toute la journée dans la vase qui leur monte souvent jusqu'au cou, sont obligés de construire un radeau, ne peuvent se protéger contre la pluie qui tombe à torrents ; au retour, il leur faudra deux jours pour faire le même chemin.

Difficultés de s'éclairer. — Dans aucun pays au monde, il ne peut être plus difficile de s'éclairer, la forêt masque la vue. Parfois elle est si dense qu'un homme ne peut s'y glisser et que toute protection des flancs est absolument impossible. Parfois aussi, mais bien rarement, quelques hommes peuvent y cheminer. Tantôt, c'est la végétation serrée, épaisse, superposée, impénétrable avec arbres, arbustes et lianes entremêlés ; tantôt, c'est uniquement le bambou ou le rotin ; quelquefois, c'est une forêt claire où seuls les grands arbres poussent, les sous-bois rappellent alors ceux de nos forêts de chênes. Enfin, il existe une forêt sans grands arbres, à la végétation épaisse, où les arbustes de trois à quatre mètres prédominent et où les termitières sont nombreuses. L'indigène profite toujours des endroits inaccessibles aux flanqueurs pour organiser ses embuscades.

En station, un homme voyant à peine à dix mètres dans cette forêt et l'indigène sachant se faufiler sans bruit, la difficulté est aussi grande pour se garder.

Enfin, le climat lui-même constitue une difficulté de plus dans ce pays où tout confort est inconnu. Il faut une énergie et un mépris de la souffrance à toute épreuve ; plus que partout ailleurs, il faut maintenir le physique par le moral. En forêt, l'Européen ayant la fièvre, souffrant de rhumatismes, couvert de crawcraw, plaies profondes aux pieds, aux jambes et aux mains, souffrant parfois de la faim, doit marcher quand même ; point de service de l'arrière pour le recueillir et le soigner ; impossible de faire demi-tour, car ce serait la défaite ; impossible même de passer le commandement, car les camarades manquent. La marche en avant sur le sentier étroit avec la victoire au bout reste la seule solution.

II. — L'ENNEMI

Son moral. — Tous les indigènes habitant la forêt équatoriale ont sensiblement le même caractère. Faux, ils attaquent dès qu'ils croient être les plus forts. Aimant la guerre, ils sont braves et audacieux. Par contre, quand ils ont reçu un coup sérieux, ils se découragent et fuient tant qu'on les traque. C'est le moment de poser ses conditions et, s'ils font traîner les choses en longueur, de frapper impitoyablement. Ils reprennent en effet vite courage et confiance en eux-mêmes.

Les habitants de la forêt aiment la liberté, ne veulent dépendre de personne. Aussi n'a-t-on jamais affaire à des bandes puissamment organisées ; ils ne savent pas obéir à un chef et avoir un plan commun d'action ; ils n'ont pas d'entente et agissent le plus souvent chacun pour leur propre compte.

Ils enlèvent au combat leurs morts et leurs blessés, tuent les prisonniers, achèvent les blessés qui tombent entre leurs mains.

Aptitudes physiques. — Bien musclé, très résistant à la fatigue, l'indigène est éminemment apte à la guerre de forêt et très capable de profiter des désavantages que présente pour nous son pays. Il est rapide, n'est pas gêné par les obstacles du sentier ; connaissant la forêt dans tous ses détails, il raccourcit les distances ; habitué à observer, il remarque les plus petites traces du passage d'une troupe ; se nourrissant de peu, il peut tenir la brousse longtemps sans se préoccuper beaucoup de sa nourriture. En somme, c'est un adversaire sérieux.

Armement. — Les indigènes sont armés de fusils à pierre et de fusils à piston. Pour leur tactique, ces armes sont excellentes ; les bourrant de poudre et de projectiles, tirant à très courte distance, ils ne manquent pas leur homme. Le principal défaut de ces armes, c'est le peu de pénétration des projectiles qui ne traversent pas 20 centimètres de bois.

Les plaies produites sont horribles et multiples. Les projectiles, douilles de cartouches, morceaux de cuivre, de tôle rouillée, morceaux de fil de fer, de laiton, sont tous très sales, couverts de terre, de rouille, de vert de gris.

Tactique de l'indigène dans la forêt. — L'indigène attaque surtout les isolés, les petits détachements éloignés du gros de la troupe. Parfois, soit qu'il soit grisé par un semblant de succès dans ses entreprises, soit que sous l'influence de la colère du premier moment il ait promis de venger ses morts, il attend courageusement, embusqué sur le flanc, le passage de l'Européen qu'il veut supprimer.

Presque toujours, l'ennemi attaque en tête par embuscades. Battu, il prend du champ sur les flancs, dans la brousse où il est en sûreté. Puis il se reporte rapidement en tête en courant parallèlement au sentier et recommence.

Quand l'indigène attaque en queue, cas plus rare, il suit à pas de loup les derniers hommes de la colonne et, au bon moment, c'est-à-dire au passage d'un marigot, il tire à bout portant et disparaît.

Ses fortifications. — Certains habitants de la forêt ne construisent pas de fortifications aux abords de leur village. D'autres, au contraire en construisent beaucoup ; tel est le cas des Bakoulis du Gabon et du Moyen-Congo qui, réunissant le maximum de défenses, nous serviront d'exemple. Sous l'influence de certaines conditions d'ailleurs, ils ne défendent pas ces ouvrages et agissent comme les partisans de la « place ouverte ». Ce que nous dirons à leur sujet s'applique donc à tous les indigènes de la forêt vierge.

Nous constaterons d'abord qu'ils installent leurs villages sur de bonnes positions, choisissant des montagnes élevées, terminées par un ressaut de terrain à pic, construisant toujours le premier ouvrage qui est le plus solide sur la crête militaire. Quand on aborde un village bakouli, on trouve de l'extérieur vers l'intérieur les défenses suivantes :

1° des barrières, généralement au nombre de trois, formées de bois très dur d'un diamètre de cinq à six centimètres, hauts de trois à cinq mètres, solidement enfouis en terre, reliés entre eux et aux arbres voisins. Ces barrières perpendiculaires au sentier sont reliées entre elles par d'autres parois qui leur sont perpendiculaires ou obliques et qui laissent entre elles des espaces libres formant couloirs ; la première barrière franchie, si l'on tombe dans l'un de ces couloirs, la route est à peu près libre, mais battue par le feu de l'ennemi, car chaque couloir conduit à une meurtrière. Ces palissades sont extrêmement solides. A l'attaque de M'Bia, une compagnie de tirailleurs crispés aux bois n'a pu les ébranler ; il a fallu les couper.

2° une palanque formée de troncs d'arbres disposés sur plusieurs rangs et verticaux ; l'épaisseur totale atteint parfois 1 m. 80. Cette palanque est percée de meurtrières.

3° une « banza » ou corps de garde, construction rectangulaire barrant entièrement l'entrée du village ; les parois sont en bois, d'une épaisseur égale à celle des palanques et sont aussi percées de meurtrières. Généralement, cette banza est double, c'est-à-dire présente deux chambres également aménagées pour la défense.

4° A intervalles à peu près égaux et variant de 20 à 50 mètres, suivant les villages, des banzas qui barrent la rue. Ces banzas sont généralement un peu moins fortes que celles d'entrée et de sortie.

5° Des abatis très solides, très épais, partout, sur les flancs et sur le front.

Le village est composé de deux rangées de cases situées de part et d'autre du sentier qui forme rue. Les deux extrémités de cette rue sont également défendues.

Les indigènes de la forêt ne protègent guère les flancs de leurs villages que par des défenses accessoires. Cependant toutes les fois qu'un sentier fréquenté aboutit sur le flanc, ils en défendent le débouché de la même façon que les deux extrémités de la rue centrale.

Les défenses accessoires employées par les habitants sont d'abord et surtout les abatis, qu'ils savent bien rendre solides et infranchissables au sens absolu du mot, les petits piquets empoisonnés ou non, les trous de loup avec ou sans pieux. Les petits piquets sont d'autant plus dangereux que les Sénégalais marchent en colonne pieds nus.

Souvent l'indigène installe son village sur un pic rocheux ; il aménage en rempart les rochers du front et des flancs et transporte ceux qui sont à l'intérieur du village à l'extrémité de la rue, où, retenus par les arbres, ils offrent une bonne protection.

Enfin dans les pays marécageux où les montagnes n'existent guère, les indigènes construisent leurs villages entre deux marais, sachant toujours choisir un endroit d'abord difficile qu'ils fortifient d'ailleurs avec le même soin quelle que soit sa bonne position naturelle.

C'est le cas pour les Bakoulis du bassin du Djouah, au Gabon.

Parfois, en dehors du village, du côté dangereux pour lui, l'ennemi barre le sentier par une « banza d'arrêt » destinée à empêcher l'agresseur de surprendre le village, à donner aux défenseurs le temps de s'organiser.

Défense des villages par l'indigène. — Quand les indigènes ont fortifié leur village, ils ne livrent pas de véritables combats dans la forêt et ne tendent que rarement des embuscades avant l'attaque des fortifications.

Les banzas sont occupées de jour et de nuit ; quand une attaque est à craindre, le guetteur s'installe sur un arbre et surveille les endroits débroussaillés aménagés sur les sentiers d'accès, à quelques centaines de mètres du village. La nuit, toutes les portes des barrières, palanques et banzas sont fermées ; une sonnette placée dans les banzas des extrémités du village est reliée par une liane à la première barrière que l'adversaire ne peut toucher sans donner l'éveil.

Dans le village, l'indigène résiste plus ou moins suivant ses habitudes, sa force, son tempérament et surtout suivant ses échecs précédents ; un village détruit une première fois résiste moins par la suite.

L'entrée du village est particulièrement bien défendue ainsi que les banzas de l'intérieur qui dominent le terrain environnant. L'indigène se préoccupe peu de ses flancs au cours de l'action ; les abatis lui suffisent.

Dès que les tirailleurs ont pris pied dans le village. un retour offensif se produit, généralement sur les deux flancs ; des groupes nombreux, disséminés dans les plantations s'avancent jusque sur les cases et tirent à bout portant.

Repoussé, l'ennemi se tient tranquille quelques heures, mais revient bientôt harceler le village, les sen-

tinelles, les corvées. Il cherche ensuite à nous empêcher de sortir du village, accompagne la colonne sur
ses flancs ; il tend des embuscades et c'est là sa force ;
c'est là qu'il nous tue du monde. En règle générale, plus
l'ennemi a défendu son village, plus la lutte sera brève,
parce que, découragé, il tendra moins d'embuscades.

Force offensive de l'indigène. — Cette force offensive est faible. Il lui a fallu subir des pertes graves
toutes les fois qu'il a voulu attaquer des factoreries et
encore n'a-t-il jamais réussi à anéantir complètement
leur garnison. Il ne s'engage jamais à fond et n'en arrive jamais au corps à corps.

Moyens d'information dont dispose l'ennemi. — Les
indigènes se renseignent facilement sur nos mouvements. Ils ont pour eux les villages que nous traver-
sons, ils examinent les pistes, et, au Congo, du moins,
sont tenus au courant de nos mouvements par les Ba-
bingas ou chasseurs d'éléphants, qui sont constamment
en route. Les villages se préviennent entre eux par esta-
fettes ou par tam-tam.

<hr>

III. — LES MOYENS DONT NOUS DISPOSONS.

L'effectif. — Le pays est distribué en régions, cercles
ou circonscriptions, suivant les colonies , chacune de
ces subdivisions étant généralement occupée par une
compagnie. Les renforts mettent longtemps pour arriver, les compagnies voisines ont assez de travail dans
leur zone. On aura donc au début à faire face à un
mouvement de révolte avec une compagnie, soit, déduc-
tion faite des effectifs laissés dans les postes, 130 ou
140 hommes. Le plus souvent, si l'on a su diviser les
tribus, cet effectif suffira, du moins jusqu'à l'arrivée
des renforts.

Nos principaux collaborateurs dans l'œuvre de conquête et de pacification de la forêt équatoriale sont les Sénégalais. Leur éloge n'est plus à faire ; il est à remarquer seulement qu'ils s'assimilent très rapidement à ce pays si différent du leur. Les indigènes du Congo, surtout les Yakomas, peuvent rendre de grands services, s'ils sont bien tenus en main et solidement encadrés par les Sénégalais.

On peut enfin, en manœuvrant adroitement, se procurer des partisans qui sont de grande utilité. Ils servent de guide, trouvent les campements de l'ennemi, servent de flanqueurs.

Equipement et armement. — Les tirailleurs doivent toujours marcher avec leur coupe-coupe, ne doivent pas porter sur eux plus de huit jours de vivres.

Il y aurait intérêt à ce que tous les sous-officiers soient armés du revolver. Les souliers de toile seuls sont pratiques et évitent bien des cas d'indisponibilité. L'arme en service est le fusil 1886-1907, arme excellente surtout en forêt. Sa supériorité réside dans la rapidité du tir et la pénétration du projectile.

Postes, Bases d'opérations. — Il est souvent nécessaire avant de commencer une opération, de créer une base, les postes établis ne suffisant pas. Cette base d'opérations doit être à cinq ou six jours au plus du lieu de la lutte. C'est ainsi que lors des opérations contre les Mabézas du sud-est, nous sommes obligés de créer un poste intermédiaire à Madjingo, le poste de Sembé étant trop éloigné. Opérer sans base de ravitaillement proche, c'est se mettre dans le cas qui, seul, peut amener un désastre par suite du manque de vivres et surtout de munitions.

Ravitaillement. — Le ravitaillement est assuré par des pagayeurs et des porteurs. Rien de général ne peut être dit sur le chargement des pirogues, chaque rivière de la forêt ayant à ce point de vue un caractère propre.

Les porteurs ne peuvent transporter sans fatigue excessive une charge de plus de 27 kilog. Le chef du convoi doit bien connaître ses hommes et les habitudes de leur race, sans quoi il ne commandera bientôt plus qu'à une bande affamée et en désordre qui ne pourra que créer des ennuis. Tout Européen doit se rendre rapidement capable de comprendre les « capitas » ou contremaîtres et de s'en faire comprendre.

Moyens d'information dont nous disposons. — Ils se réduisent à bien peu de chose. Les fonds mis à la disposition des commandants de territoire ne suffisent généralement pas ; le manque d'agent politique se fait toujours vivement sentir. Quelques chefs seuls nous donnent des renseignements trop intéressés pour être exacts. Les intentions des indigènes ne nous sont pour ainsi dire jamais connues.

Un guide est presque toujours difficile à trouver. Il faut user de ruse et d'énergie, patienter, perdre du temps et encore est-on trompé souvent.

Service de santé. — Il dispose de bien peu de moyens dans des pays aussi neufs, où l'on ne peut organiser aucun service de l'arrière. Les Européens doivent être capables non pas de remplacer le médecin, mais de soigner un malade ou un blessé jusqu'à son arrivée. Tout Européen doit avoir de solides notions d'hygiène et travailler longtemps, en étudiant les brochures spéciales, en pansant lui-même, de façon à acquérir une certaine habileté.

Dans ce pays, toute blessure grave est le plus souvent mortelle. Les moyens d'opérer manquent souvent, les conditions sont toujours défectueuses, enfin le transport aggrave beaucoup l'état du blessé.

IV. — Conduite et Tactique des petits Détachements

1° *Etat d'esprit des indigènes.*

Il est nécessaire de se rendre compte de l'état d'esprit des indigènes et des phases qui marquent en général notre occupation. Au début, l'habitant de la forêt laisse les commerçants s'installer chez lui à coups de cadeaux, de bons procédés ; il peut acheter des fusils et de la poudre qui lui donnent une autre force que les arbalètes, les arcs et les sagaies qu'il a eu jusqu'alors. Puis les cadeaux ne venant plus, les factoriens ne cherchant qu'à gagner de l'argent, des approvisionnements en armes et en munitions étant constitués dans chaque famille, les indigènes tâtent notre force, veulent savoir s'ils ont quelques chances de s'emparer des richesses qui ont été apportées dans leur pays ; à ce moment, il n'y a généralement pas de tirailleurs pour leur en imposer. Bientôt battus, ils reconnaissent en partie le danger de s'attaquer à nous, restent tranquilles quelque temps, le resteraient probablement longtemps si nous ne leur demandions absolument rien. Mais les postes s'installent ; il faut apporter des vivres pour les porteurs, ne plus faire la guerre aux villages voisins, ce qui diminue la richesse en femmes et en captifs, il faut améliorer la route qui conduit au poste ; c'est beaucoup pour eux, et, tout d'un coup, tous abandonnent leurs habitations, se réfugient loin de nous dans des campements, non sans avoir pillé un comptoir, dévalisé un convoi ou un courrier. C'est encore une fois la guerre et, pour eux la défaite. Ils cherchent à fuir plus loin, à se dérober de nouveau et rien n'est fait si l'on ne sait pas les maintenir là où l'on veut. Bien battus, ils font des routes, payent l'impôt, obéissent à condition qu'on leur demande tout cela immédiatement après leur défaite et sans retirer de troupes. Si l'on veut patienter, agir pacifiquement, leur demander des gages de soumission petit à petit et non pas en bloc avec la menace du fusil, on aura la guerre bien des fois encore, à chaque exigence nouvelle.

C'est ce qui fait que partout en forêt, aussi bien à la Côte d'Ivoire qu'au Congo, on a pu parler de la faillite de la pénétration pacifique.

Tout cela ne doit pas surprendre. S'il est un pays difficile à tenir en main, c'est bien celui-là, où nous ignorons ce qui se passe même à proximité des postes, où les communications sont difficiles, où la forêt, dure par elle-même, est renforcée par des montagnes abruptes et des marais. Ajoutons à cela que nous n'avons que bien peu d'hommes disséminés en des points distants souvent de plus de cent kilomètres, que les Européens changent souvent, le chef de subdivision territoriale s'en allant quand il commence à bien connaître le pays.

L'extrême difficulté de poursuivre l'indigène battu, de le suivre dans les nombreuses régions inhabitées sans sentiers, que personne n'a parcourues, où il va reconstituer de nouveaux groupes, foyers de révolte, contribue beaucoup à maintenir cet état de choses.

Enfin nous ne trouvons pas de véritables chefs à qui causer. Quand nous sommes sortis victorieux d'un combat qui nous a coûté cher, nous n'avons pas abattu la puissance du chef X... qui accepte nos conditions ; nous n'avons pas disloqué l'armée d'un peuple qui sera à nos pieds ; nous n'avons fait que battre des groupes de quelques guerriers, sans liens, sans organisation, qui tirent après la défaite chacun de leur côté, dont les uns se soumettent séparément, dont les autres ne veulent rien savoir et vont plus loin pour conserver toute liberté.

Par conséquent, qu'on en soit à l'une quelconque des périodes de pénétration dont il a été parlé, l'indigène ne nous aime pas parce que nous dérangeons ses habitudes d'anthropophagie et de guerres intestines, parce que nous lui demandons du travail. Il ne se donne pas ; quand il ne lutte pas contre nous, il ne fait que nous subir, parce qu'il ne peut pas nous mettre à la porte.

Donc, même en temps de paix, nous devons nous garder et toujours agir comme en pays suspect.

2° *Conduite des détachements en temps de paix.*

Nous examinerons d'abord comment on conduit un détachement en forêt équatoriale quand on n'est pas en guerre, quand on exécute ce qu'on appellerait en France des routes à l'intérieur. Le principe directeur est le suivant : dans cette forêt épaisse, se garder, non pas évidemment comme en pays troublé, comme en cas d'opérations militaires, mais toujours croire une surprise possible et agir en conséquence.

Marches. — Protection. — Se couvrir en avant et sur les derrières est une chose nécessaire. Mais dans ce pays, où l'on voit à peine à 20 mètres sur le sentier, à moins de 10 mètres sur les flancs, on doit marcher un peu comme on marche de nuit en Europe. Il faut être groupé, d'abord pour ne pas se perdre aux nombreux embranchements, aux endroits mal tracés, ensuite pour se soutenir efficacement, le cas échéant.

Une avant-garde ne peut ici fouiller le terrain environnant qui, souvent, est absolument impraticable. L'ennemi ne peut tirer à grande distance. Au contraire, marchant loin devant la colonne, elle peut, d'une seule décharge, avoir beaucoup à souffrir, être compromise gravement avant l'arrivée de la troupe.

Sur ces sentiers étroits, bordés d'une brousse intense, quatre ou cinq hommes seulement peuvent se déployer rapidement ; ils suffisent donc.

Ce qu'il faut c'est avoir devant soi, à peu de distance, quelques hommes qui aient constamment l'œil en éveil et qui puissent prévenir une attaque ou, en tous cas, y répondre rapidement. Une fraction importante serait inutile.

Par conséquent :

Constituer au départ une patrouille d'avant-garde de quatre ou cinq hommes sous la conduite d'un caporal ; faire marcher cette patrouille à une vingtaine de mètres de la colonne.

Il est inutile de protéger les flancs dans le genre de marche que nous examinons. Nous verrons d'ailleurs que, même quand il s'agit d'opérations militaires, cette protection est toujours excessivement pénible, souvent impossible.

Pour les derrières de la colonne, laisser à une dizaine de mètres en arrière une patrouille de quatre ou cinq hommes.

La seule formation possible est la colonne par un. Une colonne occupe donc une grande longueur. De plus, les arbres renversés, les racines, les marais, etc... contribuent à l'allonger encore. Donc il convient de serrer autant que possible, de laisser aussi peu d'intervalle qu'on le peut entre les fractions.

Ordre de marche. — Généralement l'Européen ne marche pas en tête. Le Sénégalais, mieux que nous, a remarqué les embranchements, repairé des points sur la route à suivre ; d'autre part, il peut répondre plus rapidement aux coups.

D'un autre côté, l'Européen doit être renseigné tout de suite sur tout accident qui survient dans la marche et doit pouvoir commander. Sa place normale semble être entre le troisième et le quatrième homme de sa fraction. Celle du commandant d'une colonne d'une compagnie est à la deuxième section. Le convoi doit être encadré, pour que sa sécurité soit assurée, pour que les porteurs ne puisent traîner en route, semer le désordre ou s'échapper en cas d'attaque. Par conséquent, il est normal et commode de confier le convoi à la troisième section qui opère ainsi :

Une escouade est placée devant le convoi, les deux autres réparties à l'intérieur.

Vitesse de marche. — La vitesse de marche s'établit d'elle-même. Sur une piste ordinaire, une colonne de une compagnie et soixante porteurs fait environ 2 kilomètres 500 à l'heure dans de bonnes conditions.

Le tirailleur, obligé de se baisser, de se faufiler entre les branches, de se servir de son coupe-coupe, ne peut marcher avec l'arme à la bretelle. S'il met l'arme sur l'épaule règlementairement, il abime la hausse et le guidon contre les branches ou en tombant. Pour fatiguer le moins possible et ne pas abimer l'arme, il faut avoir le fusil sur l'épaule, le canon en bas, la main embrassant le canon au-dessous du guidon. Le tirailleur marche le coupe-coupe à la main droite et le fusil sur l'épaule gauche.

Haltes horaires. — Il est mauvais de marcher 50 minutes pour s'arrêter 10 minutes. A l'allure régulière de 2 km. 500 à l'heure, les derniers tirailleurs n'arriveront guère, après 50 minutes de marche, que 10 ou 15 minutes après leurs camarades de tête. Cela tient à la formation par un et aux mauvaises pistes. Par conséquent pour 50 minutes de marche il faut s'arrêter de 20 à 25 minutes ou bien les derniers marcheront toute la journée sans repos appréciable. Il vaut donc beaucoup mieux marcher sans pose deux heures et demie ou trois heures, puis faire une halte telle que les derniers arrivés puissent bien se reposer.

Pendant les haltes horaires, quelques précautions doivent être prises. Ce sont les suivantes : dégager le sentier, les fractions paires faisant face à droite, les fractions impaires face à gauche, sur le bord correspondant du sentier ; de cette façon, les hommes sont prêts à répondre à une attaque et le sentier devient libre. Chaque section place en outre une sentinelle à hauteur de son centre, à 4 ou 5 mètres du sentier. L'avant-garde et l'arrière-garde s'installent en halte gardée.

Grand'Halte. — Tous les hommes doivent être groupés. Il faut former le carré, un quart de l'effectif sur chaque face, les porteurs au centre, une sentinelle en avant de chaque face.

Il faut s'assurer que les porteurs mangent, car très souvent, par paresse ou par fatigue, ils s'étendent et ne préparent rien.

Station. — *Bivouac.* — Chaque Sénégalais a une tente ; les Européens ont une bâche-abri pour un ou plusieurs. Les porteurs se font des abris avec des gaulettes et des feuilles ; si l'on est en saison de pluies ou si le temps paraît menaçant, le Chef de convoi doit veiller à ce que ces abris soient construits.

La formation en carré, comme pour la grand'halte, est de toute nécessité.

Pour éviter une grande fatigue aux hommes, les sentinelles pourront, dans ce genre de marche, presque toujours être supprimées, d'autant plus que l'indigène des forêts n'attaque généralement pas la nuit. Si les sentinelles sont jugées indispensables, on agira comme en cas d'opérations militaires. (*Voir le chapitre suivant.*)

Si les indigènes viennent vendre des vivres, un marché est immédiatement organisé, sous la surveillance d'un gradé indigène.

Les corvées de bois et d'eau sont faites régulièrement ; les tirailleurs et les porteurs ne doivent pas se répandre dans la forêt.

Avant le départ, le Chef du convoi fait reprendre les charges et dispose ses hommes dans l'ordre de marche afin d'éviter la précipitation et le désordre.

Campement. — En principe, il faut éviter de passer la nuit dans un village ; mieux vaut un campement d'indigènes abandonné ou même le bivouac. S'arrêter dans un village est souvent la source de palabres.

Si ce campement est jugé nécessaire, il ne faut pas éparpiller sa troupe, mais exiger deux banzas et les cases comprises entre elles, autant que possible à une extrémité du village, pour maintenir tout son monde groupé et pour éviter un trop grand contact entre tirailleurs et indigènes.

Les tirailleurs ne doivent pas se répandre dans le village ; ils ne doivent laisser traîner ni objets de campement, ni munitions.

Les habitants sont prévenus que les achats de vivres se feront entre les deux banzas réservées ; un gradé indigène surveille le marché.

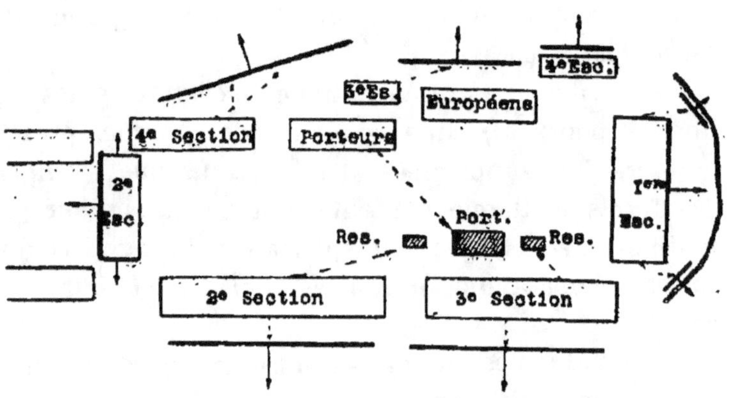

Exemple d'occupation de l'extrémité d'un village.

La nuit, un poste de police est établi avec une ou deux sentinelles, surtout pour empêcher les tirailleurs et les porteurs de quitter leur quartier.

Les corvées d'eau et de bois sont organisées d'une façon régulière ; une garde armée accompagne les porteurs. Il y a intérêt à amener les habitants à faire eux-mêmes ces corvées.

La consigne en cas d'attaque doit être à peu près la même dans tous les cas et être connue de tous.

Les occupants des hangars y demeurent, ne tirant que vers l'extérieur ; les tirailleurs logés dans les cases se déploient en tirailleurs à l'extérieur de ces cases, du côté où ils sont placés et le dos tourné au village. Les Européens se portent aussitôt vers leur unité ; les porteurs se rassemblent dans la rue du village avec leurs charges. De cette façon, on fait face immédiatement partout et le Chef a le temps de se renseigner et de prendre de bonnes mesures. Personne ne doit tirer s'il n'a pas gagné sa place exacte.

Une ou deux escouades de sections désignées peuvent venir se placer en réserve vers les porteurs.

Toute consigne compliquée et changeant chaque jour ne serait pas exécutée.

Si l'on fait séjour dans un village, il faut occuper les tirailleurs : exercice le matin, nettoyage des armes le soir, escorte d'officiers levant topographiquement les environs.

V. — CONDUITE ET TACTIQUE DES DÉTACHEMENTS EN OPÉRATIONS MILITAIRES

Soumission d'une région. — Plan de campagne. — La tâche d'une troupe arrivant en pays insoumis est difficile, complexe. Son chef doit agir avec prudence et méthode. Les principes essentiels qui assurent le succès sont les suivants :

1° Se préparer soigneusement à la lutte en engageant

le nombre de porteurs et de pagayeurs nécessaires, en se créant de bonnes bases d'opérations, en ravitaillant les postes ;

2° Diviser l'ennemi, en faire au moins un groupement par tribu, groupement hostile ou tout au moins indifférent au voisin ;

3° Se ménager au moins un appui qui donne des renseignements et puisse plus tard servir d'intermédiaire ;

4° Dans la marche en avant, ne laisser aucune tribu hostile sur les derrières, être sûr que la ligne de ravitaillement n'a rien à craindre.

Exemple. — Soumission des Bakoulis (février à septembre 1909). — Prenons à titre d'exemple la soumis-

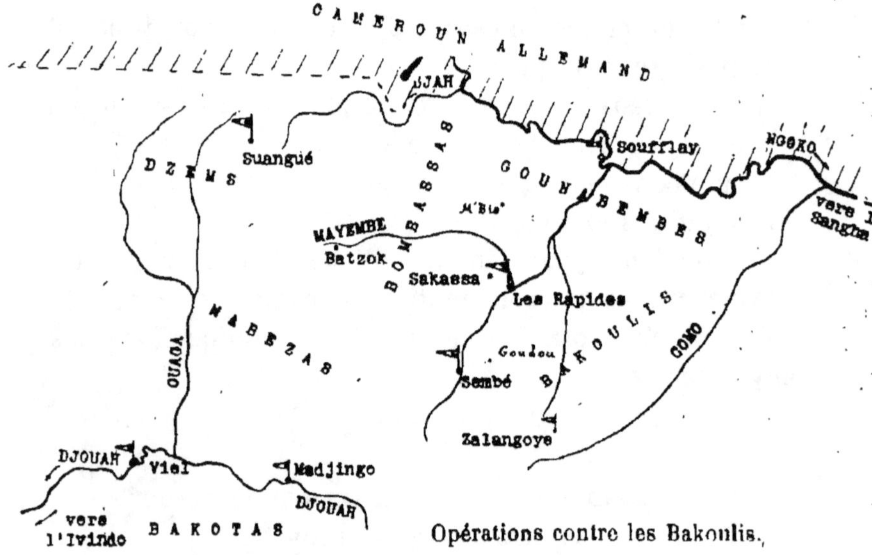

Opérations contre les Bakoulis.

sion du pays bakoulis, au Moyen-Congo et au Gabon, conçu et exécuté par le capitaine Curault.

En novembre 1908, cent tirailleurs, sous les ordres des lieutenants Lorcery et Poucher, occupent Sembé, les Rapides, Viel, Alati et Zalangoye. Les Bakoulis se sont rendus maîtres de la forêt ; tous les convois sont attaqués ; les postes manquent de vivres ; cinq postes protégés par des tirailleurs sont enlevés ; un factorien est attaqué dans un guet-apens et tué. Toutes les tribus bakoulis sont coalisées contre nous. Sans examiner la révolte même, disons que les groupes à abattre sont :

Les Bombassas dont le centre est à M'Bia ;

Les Mabézas, ceux de la montagne à Batzok, ceux du marais à Bordou ;

Les Eboums au N.-O. de Viel, entre Ebaka et Ouga ;

Les Inguess au Nord de Viel ;

Les Bakotas au Sud de Viel.

Le lieutenant Lorcery demande des renforts. Vers le 20 janvier 1909, le capitaine Curault est chargé de prendre le commandement de la région. Il obtient quelques renforts et son premier travail est de préparer les colonnes nécessaires.

Préparation. — Il la fait de février à mai.

1° Il recrute des porteurs qui font défaut ;

2° Il remplace à la portion centrale et dans les postes les fusils 74 par des fusils 86-07 ;

3° Il gagne à notre cause le village de Sakassa, qui garantira la sécurité des Rapides et nous servira d'intermédiaire ;

4° Il approvisionne tous les postes pour ne pas s'en occuper en cours d'opérations ;

5° Il entame des pourparlers avec les Dzems pour avoir des partisans.

Nous pouvons dès lors engager la lutte. Une deuxième compagnie arrive d'autre part, ainsi que le chef de bataillon Garnier, qui vient prendre le commandement des opérations.

Soumission du pays. — Le plan de campagne établi par le capitaine Curault est exécuté.

Les premiers à abattre étaient les Bombassas, qui étaient les plus rapprochés et menaçaient sans cesse nos communications entre Soufflay et les Rapides. La prise de M'Bia (1er juin) que le lieutenant Soufflay paya de sa vie, les surprit et les abattit. Avant que les Mabézas soient remis de la stupeur dans laquelle les a plongés ce succès rapide, sur une position réputée inabordable, les deux compagnies tombent sur Batzok et Mandamakomé les 17, 18 et 19 juin.

Le capitaine Curault, qui prend alors le commandement, le commandant Garnier rentrant à Brazzaville, voit qu'avant de se lancer sur le Djouah, il faut obtenir d'une façon plus complète la soumission des tribus vaincues et bien assurer ses communications avec Soufflay. Il le fait en employant simultanément la force et la persuasion. Les Gounabembés des environs de Soufffay, qui avaient fait cause commune avec les Bombassas, sont poursuivis pendant un mois par de fortes reconnaissances; les Mabézas de Batzok, réduits de la même façon, demandent eux aussi la paix. D'un autre côté, le lieutenant Poucher gagne définitivement à notre cause les Dzems, qui nous donnent des partisans, et le capitaine Curault, pénétrant en plein pays bombassa, divise toutes ces tribus, sème la discorde entre elles et se fait un ami de Bibiac, féticheur du grand centre de Golabié, qui, avec Sakassa, fera échouer toute tentative bombassa et assurera la liberté de communication entre Soufflay et Sembé.

Dès lors, nous pouvons marcher sur le Djouah, accompagnés de nos partisans Dzems. Tous les Mabézas du marais, y compris ceux de Bodou, font leur soumission (août). Sur un ordre, les deux compagnies rentrent à Sembé, l'une par Madjingo, l'autre par Snangué. Elles ne sont pas arrivées qu'elles apprennent l'attaque des convois du lieutenant Barrau, qui, de M'Wadi, était venu se joindre aux troupes du Moyen-Congo. Faisant demi-tour, les deux troupes se rejoignent à Madjingo, marchent sur Viel et batttent les Eboums à Mabangoué, Zouloumou, Mabalan, Senz (septembre).

A la fin de septembre, la situation est la suivante : toutes les tribus révoltées ont été battues et ont payé leurs forfaits; elles demandent la paix et acceptent nos conditions. Nos communications sont rétablies entre tous les postes et avec le Gabon.

Ce qui nous a permis d'arriver à ce résultat en cinq mois, c'est : la bonne préparation des colonnes, l'appui de Sakassa et des Dzems, la division créée dans les tribus, les précautions prises sur les derrières, l'entraînement et la valeur des troupes.

Renseignements à se procurer sur l'ennemi. — Une opération étant décidée contre un village ou une tribu, la première chose à faire est de prendre de bons renseignements : emplacement du village, routes qui y conduisent, situation topographique, fortification, villages amis, campements de chasse et de pêche, anciennes plantations. Il faut procéder avec prudence et adresse, se méfier de son interprète, s'adresser aux ennemis de celui qu'on veut attaquer, interroger quiconque a vu le village, mais cacher à tout le monde ses intentions. Des reconnaissances ne servent à rien, car elles ont autant de peine que la colonne à trouver l'ennemi et donnent l'éveil, même si elles n'obtiennent aucun résultat.

Le guide n'est informé de l'endroit exact qu'on veut atteindre qu'au dernier moment. Il est même bon de se faire conduire d'abord dans un village ami, même dans une mauvaise direction, pour tromper tout le monde, et de reprendre ensuite la bonne route.

Concentration. — Coopération de plusieurs colonnes à un même but. — Toute concentration de troupes doit s'opérer par petits paquets qui arrivent vers le soir, et au besoin les Européens dont l'arrivée est pour les indigènes un signe de guerre (notamment le commandant de région), font la route de nuit. C'est ainsi que s'opéra, les 17 et 18 juin, la concentration de la 1re compagnie du Moyen-Congo, à Sembé, en vue de l'attaque de Goudou. Ce village de Goudou avait attaqué des pirogues entre les Rapides et Sembé. A proximité de ce dernier poste, il avait attaqué près des Rapides et transporté les vivres dont il s'était emparé sur la route de Bamagouob, pour égarer les soupçons. Sakassa nous dévoile la manœuvre. Le capitaine fait savoir par tous les moyens qu'il attaquera Goudou et rassemble ses hommes aux Rapides. Si les tirailleurs ou des Européens arrivent de jour à Sembé, Goudou comprendra qu'on va l'attaquer.

Aussi, de petits paquets, dans les journées des 17 et 18, quittent-ils les Rapides pour arriver inaperçus à Sembé, vers la tombée de la nuit. Le gros de la troupe et les deux Européens partent le 18, à 7 heures du soir, et, malgré la nuit noire et la pluie, arrivent à Sembé à 4 heures du matin, y trouvent le détachement de Sembé constitué et repartent avec lui sur Goudou, qui ne se doute de rien.

Les travaux exécutés de longue main favorisent beaucoup la concentration en secret. Si la route des Rapides à Sembé n'avait pas été débroussée sur 3 mètres de large, bien entretenue, nous n'aurions pu opérer le 18 juin, comme nous venons de le voir.

Une précaution essentielle, qui malheureusement ne peut pas toujours être prise aussi bien qu'on le voudrait, c'est d'approvisionner amplement à l'avance le point de concentration en vivres et munitions. Le manque de cartouches peut seul amener dans ces contrées un désastre irréparable.

Le succès complet de plusieurs colonnes partant de points différents pour marcher sur un même objectif est presque toujours assuré, mais à une condition : il ne faut pas donner aux colonnes A et B l'ordre de se concentrer aux abords du village que l'on veut attaquer ensuite, le village étant le plus souvent un point inconnu, les chemins y conduisant pouvant être barrés par des groupes importants qui retarderont trop l'une des colonnes. Par contre, si chaque colonne est assez forte par elle-même, et si la première arrivée attaque, l'autre la soutenant, marchant à la fusillade, le succès est certain. D'ailleurs, si l'ennemi évente une colonne, son attention se porte toute entière de ce côté et l'autre détachement est à peu près sûr de le surprendre.

Exemple. — *Colonne de M'Bia.* — En juin 1909, deux colonnes, d'une compagnie chacune, doivent marcher

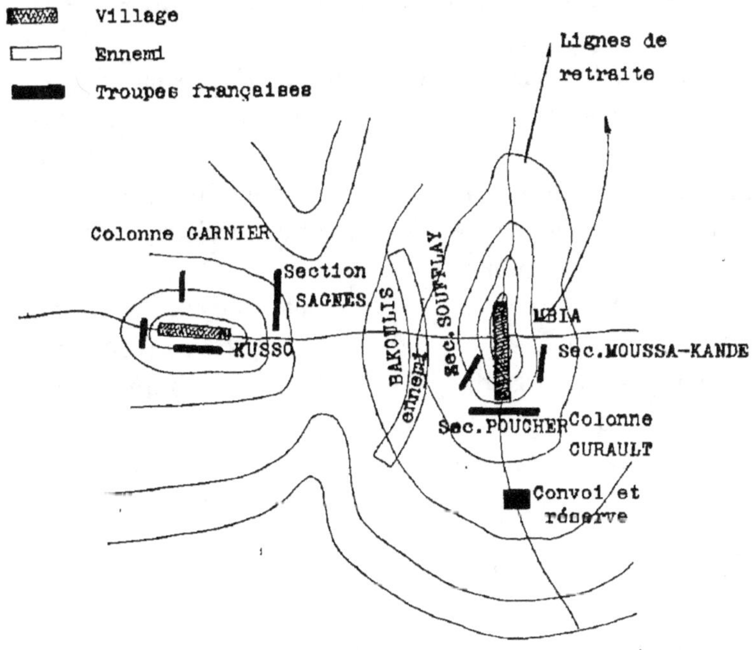

Prise de M'Bia.

sur M'Bia, l'une sous les ordres du commandant Garnier partant de Sembé et s'avançant par les Rapides, l'autre, sous les ordres du capitaine Curault, partant de

Soufflay. D'après la conception première, les deux colonnes doivent opérer leur jonction aux environs de M'Bia, pour l'attaquer ensuite. Or, la colonne Garnier a un guide et la colonne Curault n'en a pas, ne connaît pas le chemin, n'a que de vagues renseignements sur le village. La première, après s'être emparé de Kusso, s'arrête au ravin qui la sépare de M'Bia, attendant que la liaison soit établie. La seconde est encore loin, mais, entendant la fusillade, marche dans la bonne direction. Elle se trouve tout à coup en face de M'Bia et sous le feu, au milieu des abatis, ne peut songer à établir la liaison avec la colonne Garnier qu'elle n'entend plus, dont elle n'a aucune nouvelle. Néanmoins, la moitié au moins des ennemis s'étant portés contre Kusso, elle peut enlever le village à elle seule.

Marches à l'ennemi. — Constitution des fractions. — Il y a toujours avantage, quel que soit l'effectif, à diviser sa troupe en quatre fractions. En station, cela est commode, puisqu'on forme le carré ; en marche, deux fractions sont devant le convoi, une derrière, la quatrième au convoi même.

1° Loin de l'ennemi. — Dans les marches loin de l'ennemi, ce qui a été dit dans les chapitres précédents « marches en temps de paix » est parfaitement applicable. La colonne suit le sentier, ayant cherché à tromper l'ennemi sur sa destination. Un moyen certain de ne pas être éventé, mais qui fatigue énormément, c'est de suivre quelque temps à la sortie du poste un autre chemin que celui qu'on veut prendre réellement. Puis, à la boussole, à travers la forêt, on gagne le sentier véritable dans les environs d'un point qu'on a choisi, où l'on est sûr de ne rencontrer personne, à partir duquel on ne traverse plus de village.

2° A proximité de l'ennemi. — Les mêmes procédés sont employés. Une chose des plus importantes, c'est de marcher dans le plus grand silence, car c'est très souvent en faisant du bruit qu'on donne l'éveil à l'ennemi.

La protection des flancs n'est généralement pas assurée, les services rendus n'étant pas en rapport avec les fatigues occasionnées et cette protection étant d'ailleurs le plus souvent impossible à réaliser. Si, toutefois, cela est nécessaire et possible, il faut envoyer des flanqueurs qui marchent à quelques mètres à droite et à gauche, un peu en avant des éclaireurs qui suivent le sentier même; ils forment ainsi des sortes d'antennes et aperçoivent à temps l'ennemi embusqué derrière les gros arbres et les termitières qui bordent le sentier.

La marche à la boussole, plus lente, est plus sûre, car on n'a pas à craindre les embuscades.

3° En vue d'un combat immédiat. — Ces marches ont presque toujours lieu en dehors des sentiers, car le but est le plus souvent d'attaquer le village sur les flancs. La formation en lignes de colonnes par un a été employée, mais n'a causé que du désordre et du bruit.

4° Marches forcées et marches de nuit. — Même dans ce pays difficile, avec des hommes exercés et énergiques comme nos Sénégalais, on peut faire de belles marches forcées et de nuit, en prolongeant la durée de la marche, en supprimant des haltes et en ayant des porteurs haut le pied. C'est ainsi qu'en juin 1910, partis des Rapides à 7 heures du soir, nous arrivons à Sembé (24 kilom.) à 4 heures 15 du matin, en repartons à 4 heures 30, atteignons Goudou (15 kilom.) à 10 heures, combattons de 10 heures à 1 heure et, après une demi-heure de repos, repartons pour Sembé où nous arrivons à 3 heures du soir.

Stations pendant les marches à l'ennemi. — Les mêmes dispositions qu'en temps de paix sont prises. Toutefois, les sentinelles sont nécessaires sur les faces du carré, qui doivent être plus denses : un homme tous les deux ou trois mètres. A quatre ou cinq mètres en avant du centre de chaque face est placée une sentinelle. Une fraction de jour dans chaque face assure ce service ; les gradés de jour se tiennent à proximité du chef ou de l'Européen de garde.

Les sentinelles ne doivent faire aucun bruit. Des rondes fréquentes sont faites par les gradés de jour. A cet effet, chaque sentinelle est reliée au centre du carré par un chemin débroussé sur deux mètres de large et un chemin analogue est ménagé en arrière de chaque face.

Le bivouac est établi à quelque distance du sentier pour que l'ennemi ne puisse, pendant la nuit, s'apercevoir de la présence du détachement. Des patrouilles reconnaissent les environs dès l'arrivée.

Prise de contact. — Il est rare que l'ennemi vienne au-devant de nous avant d'avoir défendu le village ; toutefois, ce cas s'est présenté. Quand l'on tombe sur une embuscade, on ne doit pas perdre le contact si l'ennemi se retire par le sentier. Il faut aller aussi vite que lui et arriver en même temps au village, dont la défense ne doit pas avoir le temps de s'organiser.

La colonne peut rencontrer de petits postes surveillant les sentiers ou des indigènes allant aux plantations. Tout doit être fait pour s'emparer de ces gens-là et, si l'on ne réussit pas, il faut aller vite.

Si l'on connaît bien les abords du village, on peut y arriver sans avoir été signalé; dans le cas contraire, on peut cependant parfois l'apercevoir à temps pour manœuvrer. On ne peut guère se rendre compte du terrain à ce moment si l'on n'a pas un croquis à petite échelle ou si l'on n'a pas précédemment visité le village; si l'on a des renseignements précis, on peut élaborer un bon plan d'attaque.

Ce qu'il faut chercher toujours, c'est à couper l'ennemi de ses lignes de retraite, à l'enfermer en quelque sorte dans le village, qu'on attaque à fond par les flancs. Si le village est sur une hauteur, l'idéal sera d'occuper tous les sentiers venant du sommet. Les fuyards, qui prennent d'abord au plus court, par la forêt, se reforment en effet sur ces sentiers. Donc :

Surprendre les défenseurs, attaquer surtout par les flancs, garder les chemins de fuite.

C'est en application de ces principes que le chef de colonne avait conçu le plan d'attaque de Mahangoué (Gabon, 1909).

L'ennemi savait que nous marchions contre lui, mais

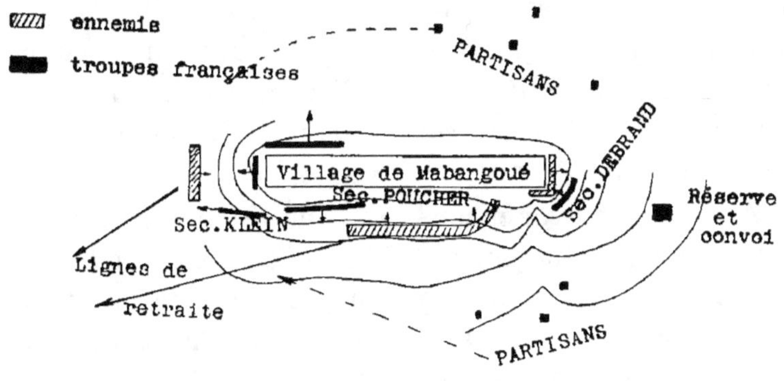

Attaque de Mabangoué.

ne savait pas si nous arriverions par le chemin S. ou le chemin E. de la sortie E. du village. La section d'avant-garde devait prendre position et attendre que les sections suivantes se soient portées sur les flancs. Pendant ce temps les partisans devaient, par la forêt, gagner la sortie O. et occuper à une certaine distance tous les sentiers venant du village. L'ennemi a pu fuir, parce qu'il s'est aperçu à temps de notre présence et surtout parce que les partisans, agissant trop lentement, n'ont pu gagner assez tôt les voies de retraite vers l'Ouest.

Mais le plus souvent la colonne sera signalée, on

verra le village trop tard. Les moyens à employer ne changent pas, mais la situation brutale est la suivante : on se trouve engagé avec un ennemi sur lequel on tombe sans qu'on s'y attende ; on est placé au pied d'un ressaut de terrain ; on ne voit qu'une ligne de palanques, des barrières qui s'opposent à la marche en avant, des abatis partout qui gênent la manœuvre. L'attaque commence dans ce cas, comme dans le précédent, avec la prise de contact. La colonne signalée sur un sentier, même quand on ne peut se tromper sur le but qu'elle poursuit, ne doit pas désespérer de surprendre l'ennemi : dès qu'elle est signalée, elle peut prendre la forêt et arriver par le chemin opposé.

Attaque du village. — Si le village est connu, manœuvrer comme nous l'avons dit, d'après les connaissances qu'on en a. S'il est inconnu et si brusquement on se trouve en sa présence, procéder ainsi :

Arrêter le convoi et conserver une fraction en réserve ; une fraction attaque de front la banza d'entrée, une autre longe le village à gauche, la dernière le longe à droite. Chacune de ces deux dernières fractions ouvre le feu sur le flanc du village ou, si l'on n'est pas sûr de ne pas tirer sur son voisin, l'une des fractions gagne la sortie du village pendant que l'autre attaque. Cette manœuvre sur les flancs doit être menée rapidement. L'assaut est donné par celle des fractions qui a acquis la supériorité du feu ; ce sera généralement l'une de celles opérant sur les flancs.

Prise de M'Bia (v. plus haut croquis n° 2). — La première compagnie aborde le village par le sud, accueillie par un feu violent. Le lieutenant Poucher, commandant l'avant-garde, ouvre le feu aussitôt, pour protéger le déploiement des fractions qui arrivent. Les barrières s'opposent à la marche en avant ; de nombreux tirailleurs sont mis hors de combat, le lieutenant **Poucher** reçoit deux blessures. L'attaque de front n'a aucune chance de réussir. Le capitaine Curault envoie le sergent Moussa Kandé avec une section pour tourner l'ennemi par sa gauche, l'attaquer de flanc ou par derrière. Moussa Kandé ne peut cheminer au milieu des abatis sous le feu terrible de la défense et doit faire demi-tour. Le lieutenant Soufflay exécute le même mouvement par la droite de l'ennemi, réussit à force de courage et d'énergie et tombe mortellement blessé à la lisière du village. Mais l'ennemi est coupé en deux : une partie demeure dans le ravin de Kusso, faisant face à la colonne Garnier, l'autre partie, occupant M'Bia, craint d'être entourée, hésite, ralentit son feu. Ce mouvement est saisi et l'assaut est donné de front et de flanc. L'ennemi peut fuir par le Nord et le Nord-Est, que le capitaine Curault ne pouvait songer à surveiller.

Le village pris, il faut être convaincu qu'un retour offensif aura lieu immédiatement, d'autant plus violent que la résistance aura été moins grande. Le plus rapide et le plus sûr est de procéder ainsi : détruire toutes les fortifications qu'on n'utilise pas, conserver une partie du village pour s'y installer. Pendant qu'une fraction exécute ce travail, les autres sont postées sur les flancs, les hommes à deux mètres les uns des autres, les sentinelles ne suffisant pas. Organiser aussitôt la partie que l'on conserve, les avant-postes de combat constitués par les unités déployées sur les flancs et des postes installés à l'entrée et à la sortie pour protéger les travailleurs ; couper les plantations qui viennent jusque sur les cases, s'entourer de palanques. A Kusso, après la prise de M'Bia, la colonne Garnier subit des pertes parce qu'elle n'a pu prendre ces précautions. A M'Bia même, la colonne Curault ainsi protégée n'a plus de blessés. Au petit Goudou, nous étions à peine maîtres du village qu'un retour offensif se produisait par les deux extré-

mités et la face est ; l'ennemi accueilli par une vive
fusillade des fractions déployées dans les plantations
devait s'enfuir avec de nombreux blessés.

A Mabangoué (voir croquis plus haut), l'attaque se
produisit même avant notre entrée dans le village. En
se retirant, l'ennemi avait mis le feu au village, si bien
que l'avant-garde dut le longer par la lisière ouest ;
c'est alors qu'elle fut accueillie par un feu violent
venant de l'ennemi déployé dans les plantations. Lais-
sant aux unités suivantes le soin de protéger le flanc
gauche, elle gagne l'extrémité opposée, la dégage et
s'installe pour protéger le flanc droit menacé à son tour.
Bientôt le village est encadré par les unités déployées
et les retours offensifs de l'ennemi échouent.

Pendant qu'on organise la position conquise, il faut
envoyer le plus tôt possible des patrouilles qui battent
la forêt aux alentours ; les partisans sont alors d'un
grand secours. L'ennemi vite découragé cesse alors de
nous harceler, d'attaquer les sentinelles.

Enfin pour compléter l'action, on reste plusieurs jours
sur place et on envoie des reconnaissance à la recher-
che et à la poursuite de l'ennemi.

Reconnaissance. — Ces reconnaissances sont fortes
d'une cinquantaine de fusils ; moins serait trop peu,
plus leur ferait perdre la mobilité qu'elles doivent avoir.
Tout ce qui peut gêner est laissé au campement.

Un officier commande la reconnaissance. Il doit être
dur à la fatigue, rester deux jours en route en n'empor-
tant pour tout approvisionnement qu'une petite charge
d'une douzaine de kilog. L'itinéraire est levé. Partie sur
des renseignements peu précis, la reconnaissance cherche une piste importante, puis sans la lâcher, quittant
le chemin quand c'est utile, elle suit les rebelles qu'elle
doit gagner de vitesse. Son but est d'atteindre l'ennemi
partout où elle le trouvera, de le chercher partout où elle

le supposera, dans ses plantations, dans ses campements. Si le chef se trouve en présence d'un village important, c'est à lui de voir si l'audace lui réussira — elle réussit toujours — et à lui d'avoir cette audace.

Il faut marcher en silence, rapidement, ne pas avoir de perte qui, retardant la marche, ferait échouer la mission, éviter les embuscades, surprendre au contraire l'ennemi.

Le chef de la reconnaissance seul doit, autant que possible, être juge du moment opportun pour rentrer ; il doit pouvoir poursuivre tant qu'il le juge utile. Après une ou deux reconnaissances de ce genre, l'ennemi, traqué, fatigué, mourant de faim, demande la paix, abandonne fusils et munitions. Ces reconnaissances contribuent, plus que les prises de villages, à vaincre l'ennemi définitivement. Elles nous ont permis de soumettre en quelques mois toute la région bakouli du Gabon et du Moyen-Congo.

Combat dans la forêt. — En dehors des villages, le combat se réduit à des embuscades ; l'ennemi harcèle la colonne et n'offre aucune prise. Dans tous les cas, il faut répondre immédiatement par le feu, puis se précipiter en avant le plus vite possible. Dans certains cas, la marche est extrêmement lente et pénible et les pertes importantes. La colonne marche alors par bonds suivis de feux qui nettoient l'avant; c'est sensiblement ce que nous faisons en Europe déployés sous le feu de l'ennemi. Il faut poursuivre rapidement l'ennemi pour l'empêcher d'occuper une nouvelle position et de recharger ses armes.

Pour éviter les embuscades, plusieurs moyens sont à notre disposition :

1° Marcher sans le moindre bruit, de façon à surprendre les indigènes embusqués causant ou remuant.

2° Se couvrir par des flanqueurs quand c'est possible.

3° Se couvrir par des feux.

4° Faire exécuter à un petit détachement la manœuvre suivante : Il quitte le sentier pour la forêt, à une certaine distance regagne le chemin et, revenant vers l'endroit du départ, prend les embuscades à revers. S'il réussit une seule fois, l'ennemi renoncera à ses embuscades.

Il arrive aussi qu'on tend des embuscades à l'ennemi. Pour réussir, les hommes doivent observer le silence le plus complet, être peu nombreux, n'ouvrir le feu qu'à dix ou vingt mètres. C'est là surtout l'ouvrage de l'arrière-garde.

Quand l'ennemi harcèle une colonne, on peut, si le convoi est important, envoyer une fraction à deux ou trois minutes en avant, le temps de dénouer chaque fois la situation sans que la marche soit trop retardée.

Défense des Postes

Nous savons que les indigènes n'ont pas une très grande force offensive. Mais s'ils attaquent peu les postes, c'est qu'ils les savent solides et bien gardés. Un poste qui ne serait pas bien défendu serait vite enlevé.

Il doit remplir plusieurs conditions :

1° Il lui faut un champ de tir bien dégagé d'au moins 200 mètres ; c'est la seule façon d'utiliser la supériorité de notre armement et de nous défendre avec peu d'hommes.

2° Il doit être assez étendu pour que les règles d'hygiène y soient appliquées.

3° Il faut qu'il soit assez petit pour qu'une surprise ne soit pas possible. Il ne doit pas être nécessaire, quand la garnison est incomplète, de raser les parties éloignées du poste.

4° Une rangée de palanques ou une barrière protégeant les hommes contre les coups de fusil est indispensable.

5° La défense doit être possible avec un effectif réduit, la plupart des tirailleurs partant en colonne en cas de rébellion.

Divers procédés ont été employés pour arriver à ce dernier but. On a construit dans certains postes un

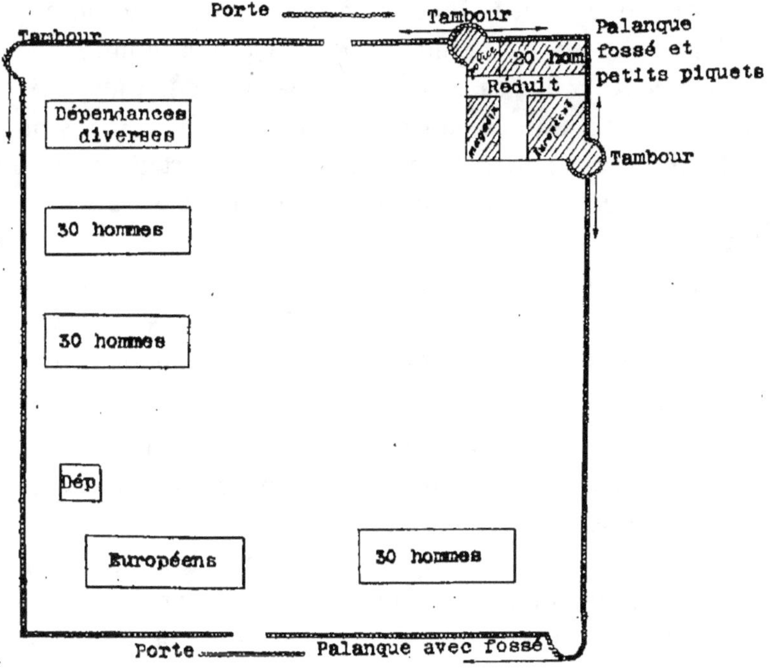

Poste-Type.

simple blockhaus : ce système est mauvais car il ne donne pas grand champ de tir ; si le blockhaus est placé au centre du poste, on a des cases trop basses et malsaines ou masquant la vue ; s'il est construit dans un coin, outre qu'il est insuffisant pour tout loger, tirailleurs, vivres et munitions, il peut être pris par coup de main.

L'un des meilleurs procédés est celui-ci : établir un

poste assez vaste pour qu'il soit sain, formant un carré d'une centaine de mètres de côté ; établir dans un des angles un réduit et non un simple blockhaus. Ce réduit, carré lui-même, comprend quatre bâtiments: une case d'Européens, le magasin de vivres et munitions, le poste de police, une case de tirailleurs. Chacune de ces cases est occupée en tout temps.

En cas de défense, avec un effectif réduit, on possède des abris pour tout le monde et l'on n'a que peu de bagages à transporter ; rien ne peut être abandonné.

La vérandah des cases de l'Européen et des indigènes peut former palanque du côté extérieur ; les magasins et le poste de police sont percés de meurtrières. Les intervalles entre cases sont défendus par des fossés et des palanques.

Si le réduit est bien placé, le champ de tir peut être suffisamment étendu ; d'ailleurs, dans un cas désespéré, les cases inutiles à la défense peuvent rapidement disparaître.

De cette façon, avec ce carré-réduit d'une vingtaine de mètres de côté, on possède une position forte et aussi complète que possible.

Le poste est entouré de fossés et de palanques ; des défenses accessoires peuvent renforcer la position.

Le point d'eau est bien débroussé pour que l'ennemi embusqué ne puisse tirer à bonne portée.

En cas d'opérations dans la région, l'effectif réduit laissé dans le poste ne doit pas sortir.

Négociations. — La victoire assurée, il ne faut pas oublier le principe suivant : ne rien brusquer, mais ne rien céder.

Les indigènes ont l'imagination facilement frappée, perdent et reprennent courage rapidement, les villages amis nous servent volontiers d'intermédiaires après la victoire, les vaincus ont peur des partisans qui s'enhardissent avec nos succès. Telles sont les conditions qui hâtent les négociations.

Par contre ces négociations sont rendues difficiles :

1° Parce qu'il n'y a pas de chef avec qui l'on puisse traiter d'un coup ;

2° Parce que les intérêts des habitants d'un même village sont différents ;

3° Parce que l'indigène palabre longtemps avant de faire même ce qu'il désire ;

4° Parce qu'il est fourbe, promet souvent, mais n'exécute que rarement.

Il faut donc trouver d'abord un bon intermédiaire qu'on intéresse à la conclusion de la paix et surtout ne pas laisser traîner les choses en longueur. Si l'indigène palabre trop, cherche à gagner du temps, il n'y a pas à hésiter ; une action soudaine et impitoyable doit être exercée. La soumission n'en sera que plus complète et plus sûre. Sinon, il faudra frapper encore et plus durement : l'exemple de la Côte d'Ivoire, celui d'une partie du Congo le prouvent assez.

Lieutenant DEBRAND,
de l'Infanterie coloniale.